# LA BATALLA DE LEPANTO

El fin de la expansión otomana

Por Gauthier Godart
En colaboración con Romain Parmentier
Traducido por Laura Soler Pinson

Historia en **50MINUTOS**.es

# LA BATALLA DE LEPANTO

## DATOS CLAVE

- **¿Cuándo?** El 7 de octubre de 1571.
- **¿Dónde?** En el golfo de Patras, cerca de Lepanto (actual Naupacto, en Grecia).
- **¿Contexto?** La batalla que opone el Occidente cristiano al Imperio otomano a lo largo de todo el siglo XVI.
- **¿Beligerantes?** La Liga Santa, compuesta por España (y sus posesiones italianas, es decir, Nápoles y Sicilia), por la República de Venecia y por los Estados Pontificios, contra el Imperio otomano.
- **¿Principales protagonistas?**
  - Don Juan de Austria, gran almirante encargado del mando supremo de la flota occidental (1545-1578).
  - Uluj Alí, almirante encargado del ala izquierda de la flota otomana (1520-1587).
- **¿Resultado?** Victoria de la Liga Santa.
- **¿Víctimas?**
  - Bando occidental: cerca de 7500 muertos y 20 000 heridos.
  - Bando otomano: cerca de 30 000 muertos y heridos, y 3500 prisioneros.

## INTRODUCCIÓN

El 7 de octubre de 1571, dos flotas gigantescas se enfrentan junto al puerto de Lepanto. A un lado, se encuentran los navíos de la Liga Santa, alianza reciente y relativamente frágil entre los Estados Pontificios, España y la República de

Venecia; al otro, la inmensa y temible flota otomana.

Este enfrentamiento es una de las consecuencias del auge de la violencia que sufren los cristianos. Estos últimos deciden atacar al Imperio otomano, irritados por las repetidas agresiones de la flota otomana y, sobre todo, por la conquista un año antes de la isla de Chipre, que entonces pertenecía a la República de Venecia. Sin embargo, los cristianos no se muestran demasiado optimistas y tienen sus razones: los hombres a los que van a enfrentarse son luchadores aguerridos que demostraron su eficacia en el mar hace ya tiempo.

La tensión se palpa en el ambiente cuando, a mediodía, los cristianos, por orden de don Juan de Austria, izan el estandarte de la Liga Santa y, en el bando musulmán, se arrodillan para rezar. El almirante Alí Pasha (fallecido en 1571) y sus hombres, conscientes de su aplastante superioridad numérica y confiados tras sus múltiples victorias en combates marítimos, celebran de antemano el triunfo.

Sin embargo, la batalla naval —que se convertirá en una de las más importantes de la historia— tiene un final que sorprende a propios y extraños: tras unas horas de intenso combate y para su sorpresa, los otomanos son derrotados. Su flota es aniquilada y los cristianos, con una mezcla de asombro y alivio, celebran su victoria.

# CONTEXTO POLÍTICO Y SOCIAL

## LA LUCHA POR EL CONTROL DEL MEDITERRÁNEO

En 1453, los turcos logran arrebatar Constantinopla a los bizantinos, con lo que provocan la caída del Imperio romano de Oriente. Desde entonces, no dejan de expandir su territorio por Europa occidental, pero también por la cuenca mediterránea. No se contentan con controlar la mayor parte de las costas africanas y con estar en una situación óptima para convertirse en los dueños de la parte oriental, así que cada vez dirigen más sus pasos hacia el Mediterráneo occidental.

En efecto, desde principios del siglo XVI, el reino de España observa con desagrado cómo los turcos multiplican las razias en las costas italianas y españolas: tras saquear las ciudades y los pueblos costeros, parten cargados de nuevas riquezas y de un botín de hombres destinados a la esclavitud o al chantaje. Así, muchos países se sienten amenazados por este imperio, que no deja de ganar terreno.

España, que sufre ataques desde hace tiempo, lleva a cabo un primer intento para frenar el avance del Imperio otomano poco tiempo después de la abdicación del emperador germánico Carlos I de España y V de Alemania (1500-1558). Entonces, se decide que las posesiones italianas y los Países Bajos recaigan en su hijo Felipe II (1527-1598), mientras que el título imperial le corresponde, dos años después, al hermano de Carlos I, Fernando I de Habsburgo (archiduque de Austria, rey de Hungría y de Bohemia, 1503-1564). Felipe

II, que quiere proseguir el camino iniciado por su padre, se convierte rápidamente en el nuevo representante del catolicismo. Para demostrarlo, entra en dos frentes:

- en el norte, en los Países Bajos españoles, que se ven sacudidos por la reforma protestante,
- y en el Mediterráneo, bajo el acoso constante de los otomanos.

Sin embargo, en ese momento, el gigantesco Imperio otomano se tambalea por una grave crisis sucesoria. Solimán I, llamado el Magnífico (1494-1566), gran conquistador, considerado como uno de los príncipes más eminentes del siglo XVI, tiene varios posibles herederos. Como no existe ninguna ley que se encargue de establecer un orden de sucesión, los hijos del sultán, incapaces de llegar a un acuerdo, luchan para hacerse con el imperio.

Felipe II, a quien se ha informado de esta crisis, decide aprovechar el relativo debilitamiento del enemigo para arremeter contra él. Así, en 1559, envía una flota hacia la isla de Yerba, que está bajo su control y que, por su posición junto a las costas norteafricanas, constituye un excelente punto de partida para una ofensiva contra el «enemigo musulmán» y para recuperar la ciudad de Trípoli, que ha caído en manos de los otomanos. Pero ese ataque jamás se producirá: el 12 de mayo de 1560, la flota de Solimán I ataca a los españoles y los aniquila.

La humillación escuece y suscita un deseo de venganza. Por eso, a partir de 1561 se incrementa el número de astilleros en las costas españolas e italianas: a partir de ahora, el objetivo es construir una flota que pueda impresionar a los turcos y hacerles daño.

## EL ELEMENTO DESENCADENANTE DE LA BATALLA: LA TOMA DE CHIPRE

El gran Solimán muere el 8 de septiembre de 1566 y su hijo Selim II, llamado el Beodo (1524-1574), que ha logrado eliminar a sus hermanos, lo sucede a la cabeza del Imperio otomano. En realidad, el nuevo soberano no tiene la ambición de su padre y no parece buscar la confrontación, lo que podría dejar presagiar una cierta vuelta a la tranquilidad: de hecho, firma un tratado de paz con Austria en 1568. Sin embargo, aunque Selim II no tiene el mismo carácter que su padre, lo cierto es que desea erigirse como su digno sucesor. Con esta intención, refuerza su flota y, en secreto, desarrolla el proyecto de atacar Chipre.

Y es que Chipre, ocupada por la Serenísima República de Venecia, no solo constituye un importante punto comercial, sino que también es uno de los últimos bastiones occidentales importantes en el Mediterráneo oriental. Así, los otomanos toman tierra en masa el 1 de julio de 1570 y, en poco tiempo, se apoderan de su capital, Nicosia. Una vez que conquistan la isla (salvo el puerto de Famagusta, que resiste durante más de un año antes de caer), el invasor decide dirigirse hacia el oeste y zarpa sucesivamente hacia Creta y hacia la costa adriática, también controladas por Venecia.

## EL PAPA PÍO V Y LA LIGA SANTA

Ante la invasión de Chipre, que se considera una nueva provocación, la reacción occidental no se hace esperar y encuentra en el papa Pío V (1504-1572) a su impulsor. Este, deseoso de socorrer a los venecianos y, sobre todo, de generar una auténtica cruzada contra el Imperio otomano, despliega un amplio programa diplomático a partir de 1570, dirigido fundamentalmente hacia España y hacia la República de Venecia.

Sin embargo, no se trata de una tarea fácil. En España, Felipe II no se muestra muy preocupado por socorrer a Venecia, a quien considera demasiado cercana a los infieles musulmanes, con los que comercia. No obstante, todavía tiene en mente la derrota de 1560 y no le desagrada la idea de una ofensiva de gran alcance contra el Imperio otomano. Así, termina cediendo ante la insistencia del papa.

Pero las dudas provienen sobre todo de los propios venecianos. En efecto, debido a que todo su poder viene del control que ejercen sobre el comercio entre Oriente y Occidente, no se muestran muy proclives a oponerse a los otomanos, aun cuando estos últimos acaban de arrebatarles Chipre.

Por lo tanto, habrá que esperar hasta el 25 de mayo de 1571 (es decir, casi un año) para que finalmente se cree una alianza bajo el nombre de Liga Santa. Con ella, España, la República de Venecia y los Estados Pontificios se comprometen a aportar cada año doscientas galeras para combatir al Imperio otomano. El mando supremo de la flota que se crea con este trato se le confía al hermanastro de Felipe II, don Juan de Austria.

# PROTAGONISTAS PRINCIPALES

## DON JUAN DE AUSTRIA, GRAN ALMIRANTE ESPAÑOL

Nacido hacia 1545 de la unión ilegítima de Carlos I y Bárbara Blomberg (1527-1597), don Juan de Austria, infante español que, entonces, lleva el nombre de Jerónimo, se cría apartado de la corte, en medio de un gran secretismo.

Solo cuando tiene ya once años conoce por primera vez a su padre, que acaba de abdicar en favor de su hijo legítimo, Felipe II. Este respeta la voluntad de Carlos I y recibe a Jerónimo en la corte de España, le reserva una bienvenida digna de un hermano de sangre y le atribuye su nuevo nombre: don Juan de Austria.

El joven hombre, destinado a una carrera religiosa, se niega a ello y expresa en varias ocasiones su deseo de destacar en el ejército. Entonces, su hermanastro le brinda la oportunidad de demostrar su valor y, en 1568, le encarga que vaya al Mediterráneo a luchar contra los piratas berberiscos (provenientes de las tierras situadas en el noroeste de África), aliados de los otomanos.

Tras haber completado con éxito su misión, al año siguiente se le encarga que sofoque la revuelta de los moriscos, que lleva en pie desde 1568. En efecto, estos musulmanes, que se quedaron en España tras la Reconquista y que fueron convertidos al catolicismo de forma oficial y, a menudo, por la fuerza, se rebelan con violencia contra las distintas medidas que Felipe II y, antes que él, Carlos I, toman en su contra (expulsiones masivas, prohibición de mostrar su pertenencia religiosa, etc.). Don Juan acaba con ellas en 1570 y, gracias a esta victoria y a la popularidad que este acontecimiento le granjea, es llamado para tomar el mando de la flota de la Liga Santa, papel que asume plenamente y que constituye el apogeo de su carrera militar.

El 7 de octubre de 1571, en Lepanto, demuestra ser un excelente líder: durante más de una hora, motiva a sus soldados antes de iniciar la contienda. También se esfuerza por mantener en ellos un clima de fervor y les recuerda que están ahí por la voluntad de Dios y por la causa más honorable de todas: la defensa de la cristiandad. No duda en participar en los combates: toma el buque insignia de la flota enemiga y, tras una lucha intensa, acabar con él. El gran almirante otomano Alí Pasha resulta vencido y, según la leyenda, don Juan ordena que su cabeza se exhiba en la punta del mástil de la Real (la galera insignia de la Liga Santa), con lo que provoca el miedo de los otomanos y el alborozo de los cristianos. Al cabo de unas horas de un combate de una violencia extrema, el infante español se alza con la victoria.

Don Juan, que no se contenta con esto, quiere proseguir sus proezas intentando reconquistar Constantinopla y Jerusalén, pero Felipe II se niega. Este último se muestra más preocupado por la revuelta protestante que sacude el norte y, por lo tanto, decide nombrar a su hermanastro gobernador de los Países Bajos, con la misión de acabar con la rebelión. Ese será su último combate: muere de tifus en Namur (Bélgica) el 1 de octubre de 1578.

# ULUJ ALÍ, ALMIRANTE OTOMANO

Uluj Alí nace en Calabria en 1520 con el nombre de Giovanni Dionigi Galeni. Este joven de origen humilde es secuestrado a los dieciséis años por uno de los capitanes del famoso corsario berberisco Barbarroja.

Al principio, se encuentra como esclavo en la galera de su raptor. Después se convierte al islam, logra ascender rápidamente y, unos años más tarde, prepara su primera fragata para convertirse a su vez en corsario. Es un marinero experto, por lo que le bastan unos años para ser considerado uno de los corsarios más audaces del Mediterráneo.

En 1565, es nombrado gobernador de Trípoli. Tres años más tarde, accede al puesto de gobernador general de Argel y, en 1571, es designado para dirigir el ala izquierda de la flota otomana en Lepanto. Durante la batalla, intenta hacerse mar adentro para coger por la espalda a la flota enemiga, pero el almirante genovés Giovanni Andrea Doria (1539-1606), que se encuentra frente a él, toma la misma iniciativa e impide su movimiento. Sin embargo, el corsario musulmán causa asombro cuando ordena a su escuadra que dé media vuelta para aprovechar el hueco que había dejado la acción de Giovanni Andrea Doria. Logra interceptar varias embarcaciones aisladas, pero los refuerzos cristianos llegan rápidamente. Al sentir que el cerco se va cerrando sobre él, el corsario huye con lo que queda de su flota y, de alguna manera, se convierte en el único otomano que sale victorioso de Lepanto.

El 24 de octubre, el sultán Selim II ya ha sido informado del desastre. Consciente de que la situación habría sido todavía peor sin la valentía y la experiencia de Uluj Alí, decide nombrarlo gran almirante de la flota otomana. Así, el antiguo corsario sale de la batalla cubierto de honores. Muere el 21 de junio de 1587.

# ANÁLISIS DE LA BATALLA

La batalla de Lepanto

## ANTES DE LA BATALLA: TENSIONES CRISTIANAS...

El 24 de agosto de 1571, la flota de la Liga Santa se reúne en Mesina (noreste de Sicilia). La reunión se desarrolla con dificultad: los españoles solo muestran desprecio hacia los venécianos y estos se lo devuelven con creces. Por una parte, el joven príncipe don Juan quiere imponer su autoridad como comandante supremo de la flota; por otra parte, al almirante veneciano Sebastiano Veniero (1496-1578) le cuesta mucho tener que obedecer a un hombre joven sin experiencia. La situación no mejora cuando el primero, que duda de las cualidades como navegadores y luchadores de los venecianos, obliga al segundo a acoger a bordo de sus barcos a un contingente de españoles.

Es cierto que Sebastiano Veniero tiene un carácter fuerte, pero don Juan no hace nada por calmar la tensión. Así, manda que se inspeccionen periódicamente las galeras venecianas, algo que los venecianos consideran un insulto. La situación empeora el 2 de octubre: mientras la flota está atracada cerca de Corfú, Sebastiano Veniero debe intervenir en una de sus galeras, ya que su tripulación y los hombres que don Juan ha impuesto se están matando entre sí. Envía a un hombre de confianza para esclarecer la situación, pero este resulta herido a manos de un capitán español. Entonces, Sebastiano Veniero reacciona con firmeza y manda que cuelguen a este último.

Cuando don Juan se entera, está furioso y expresa su deseo de ahorcar a su vez al almirante veneciano por haber tomado una iniciativa de este tipo sin su consentimiento. Aunque la sangre no llega al río, la brecha entre venecianos y españoles es un hecho consumado.

## ... Y AUSENCIAS MUSULMANAS

Los musulmanes tienen, por su parte, otro tipo de problemas. Su flota está en misión desde la toma de Chipre, es decir, desde hace más de un año. Por lo tanto, los hombres están exhaustos, enfermos, a veces heridos y su moral, en el punto más bajo.

En estas condiciones, se enteran del reagrupamiento de la flota enemiga en Mesina. Conscientes de que no pueden enfrentarse a ella sin antes descansar un poco y reabastecerse, los otomanos deciden retirarse al puerto de Lepanto. En ese momento, Uluj Alí se encarga de desembarcar en un lugar seguro a cientos de enfermos y heridos. Pero estas bajas se acompañan de numerosas deserciones: tanto los hombres como sus capitanes, que piensan que la expedición ha terminado y no creen que se vaya a producir una ofensiva de la Liga Santa, deciden volver a sus casas. Así, será una flota otomana debilitada la que deba enfrentarse a los cristianos.

A pesar de ello, cuando el almirante Alí Pasha se entera de que la flota cristiana surca el mar hacia Lepanto, se niega a escuchar a los que le aconsejan que aproveche la protección de las murallas y de la artillería de Lepanto y decide salir al encuentro del enemigo.

Retrato de Alí Pasha, c. 1571.

## UN ENCUENTRO SORPRENDENTE

Cuando las dos flotas se encuentran a la salida del golfo de Patras (Grecia) en la mañana del 7 de octubre de 1571, los dos bandos se ven totalmente sorprendidos. Los cristianos pensaban que los otomanos estarían encerrados en el puerto de Lepanto y estos últimos creían que sus adversarios estarían mucho más lejos.

En total, se enfrentan ciento setenta mil hombres, de los que la mitad son remeros que han sido elegidos de entre los esclavos o los condenados. Están repartidos de manera más o menos equivalente entre las dos flotas. Los historiadores no se ponen de acuerdo acerca del número de embarcaciones presentes, pero podemos avanzar las siguientes cifras:

- la flota de la Liga Santa está conformada por unas doscientas galeras, seis galeazas y treinta naves;
- la flota otomana está conformada por unas doscientas treinta galeras y setenta galeotes y fragatas.



### ¿SABÍAS QUE...?

- Las galeras son barcos de vela con remos. Pueden tener uno o dos mástiles, pero, esencialmente, se propulsan con ayuda de los remos, cuya longitud varía entre los once y los quince metros. No disponen de demasiada artillería, salvo las galeras de mando.
- Los galeotes son pequeñas galeras.
- Las fragatas son pequeñas embarcaciones de guerra rápidas. Tienen una vela y una veintena de remeros. No disponen de artillería, sirven de apoyo a las galeras.
- Las galeazas son auténticas baterías flotantes. En origen, los venecianos las crean para el trans-

porte de mercancías preciosas entre Oriente y Occidente. Estos deciden transformar seis de ellas en naves militares poco después de la creación de la Liga Santa, a las que arman con una treintena de cañones situados a lo largo de los flancos y con cientos de arcabuces (arma de fuego que surge a principios del siglo XVI, que mide entre ochenta y ciento treinta centímetros, y que tiene un alcance de unos cincuenta metros).

- Las naves son cargueros que utiliza la flota de la Liga Santa.

Por lo tanto, los otomanos cuentan con la ventaja numérica, ya que tienen cerca de trescientas embarcaciones de guerra, por un poco más de doscientas del lado cristiano. Pero las galeras de la Liga Santa están mejor dotadas en cuanto a artillería y, con sus seis galeazas, los cristianos presentan una extraordinaria capacidad ofensiva ante los otomanos. Esta ventaja se ve reforzada por el hecho de que también cuentan con más arcabuces, mucho más mortíferos que los arcos con flechas de los turcos. Además, estos no miden correctamente las fuerzas cristianas. De hecho, la información de sus espías indica que el enemigo solo cuenta con ciento cincuenta galeras y no menciona las galeazas en ningún momento. Por tanto, afrontan el combate con confianza e, incluso, se muestran bromistas y provocadores.

Pero su seguridad se desvanece súbitamente cuando los cristianos se ponen en orden de batalla:

- en el centro se encuentra don Juan, con sesenta y dos

galeras. Con esta posición, logra bloquear el golfo de Patras, por lo que impide cualquier huida de los otomanos hacia alta mar;
* en el norte, el ala izquierda está conformada por cincuenta y tres galeras;
* en el sur, el ala derecha, con Giovanni Andrea Doria a la cabeza, está conformada por cincuenta galeras.

Las seis galeazas, más adelantadas, también se reparten entre cada uno de los frentes, y la treintena de galeras restantes conforman la retaguardia. A su vez, los otomanos responden enfrentando cincuenta y seis embarcaciones al ala izquierda cristiana, noventa y seis a don Juan y noventa y cuatro a Giovanni Andrea Doria. Las cerca de sesenta restantes se destinan a la retaguardia.

Una vez que las dos flotas están sobre el terreno, el gran almirante otomano Alí Pasha manda que disparen una salva de artillería para notificar a don Juan que desea un único combate. Este responde: empieza la batalla.

## EN EL NORTE: EL INICIO DE LAS HOSTILIDADES

En el norte, los otomanos miden sus fuerzas por primera vez contra las galeazas venecianas. El ala derecha turca avanza rápidamente sobre el ala izquierda cristiana, pero su acción se ve bruscamente interrumpida por el fuego de las dos baterías flotantes. En tan solo un instante, los turcos se quedan petrificados: no se esperaban tal potencia ofensiva, frente a la que parecen impotentes. No obstante, en seguida se reorganizan e intentan ignorar las dos embarcaciones mortíferas con mayor o menor éxito. Se hunden varias de sus galeras, pero la mayor parte de sus navíos logra efectuar la maniobra. Entonces, se separan en dos grupos: mientras que una parte de su flota intenta atacar por el costado a los cristianos, bordeando los bancos de arena de la orilla, la otra intenta avanzar hacia ellos de frente.

Ilustración de la batalla de Lepanto.

Así, por un momento, el ala izquierda de la Liga Santa se encuentra en una muy mala posición. Está atrapada entre dos frentes, apenas resiste el asalto y aguanta con dificultad la lluvia de flechas que se abate sobre ella. Además, las galeazas ya no le sirven de mucha ayuda. De hecho, cuando la flota turca las adelanta, tienen que dar media vuelta para socorrer a los suyos, pero es una maniobra ardua para estas embarcaciones particularmente pesadas. Sin embargo, en contra de lo esperado, los cristianos logran frenar las naves que intentan tomarlos por la espalda. Entonces, a los otomanos no les queda más remedio que alcanzar tierra firme y huir. Los barcos que no logran arribar son hechos pedazos.

Por lo tanto, quedan las embarcaciones que han mantenido sus posiciones y que se encuentran frente a los cristianos. En vista de la debacle, redoblan su agresividad. Pero una de las galeazas cristianas opera una maniobra de giro y, en seguida, otra más imita su acción. Así, los otomanos se encuentran atrapados entre el grueso del ala izquierda y las dos galeazas. Los cristianos acaban con ellos, a costa de importantes pérdidas.

## EN EL CENTRO: EL ENFRENTAMIENTO DE LOS LÍDERES

Mientras tanto, también se ha iniciado el combate en el centro. Las galeazas han entrado en acción y han sembrado el caos, tanto en la flota enemiga como en el norte. Varias galeras otomanas se van a pique ya desde las primeras salvas, mientras que otras se ven obligadas a incumplir lo planeado para apartarse de las baterías flotantes. Sin embargo, las embarcaciones que logran salvarse vuelven a juntarse y se enfrentan al centro cristiano, en clara inferioridad numérica.

Aquí, los combates son particularmente violentos. Las dos flotas se atacan con brutalidad, sin intentar dar un rodeo: así es como asistimos a un choque frontal.

En el centro de este infierno se encuentra la galera de don

Juan, la del representante del papa Pío V y la del almirante Sebastiano Veniero, los líderes de la cristiandad. En ese momento, Alí Pasha intenta jugar la carta de la sorpresa. Da la impresión de que tiene la intención de asaltar la galera de Sebastiano Veniero, pero se desvía en el último momento para salir al encuentro de la de don Juan. Las dos galeras colisionan de manera brutal. Los soldados españoles en seguida empiezan a disparar los arcabuces, mientras que los venecianos de la galera de Sebastiano Veniero, que ha tomado por asalto la popa (la parte trasera) de la nave otomana, parten al abordaje. Alí Pasha muere durante el ataque: unos asaltantes le cortan la cabeza.

Alrededor, los combates siguen su curso, pero cuando los turcos ven que el estandarte de la Liga Santa está izado en el barco de Alí Pasha, muchos de ellos acaban huyendo. Sin embargo, los cristianos todavía no pueden cantar victoria, ya que están en inferioridad numérica con respecto al enemigo. Pero llega la retaguardia e invierte la situación. Al cabo de tres horas de batalla, los otomanos son derrotados.

## EN EL SUR: LA ESTRATEGIA DE ULUJ ALÍ

Mientras que en el norte y en el centro continúa el combate, en el sur Uluj Alí intenta salir del golfo para tomar por la espalda a la flota cristiana. Cuando Giovanni Andrea Doria, comandante del ala derecha, observa el movimiento, toma la misma iniciativa e intenta molestar al corsario musulmán. Sin embargo, a las dos galeazas asignadas a su flota les cuesta seguirlo. No obstante, su flota no solo está en clara inferioridad numérica con respecto a la de Uluj Alí, sino que, además, una parte de esta no interpreta bien su movimiento y se queda atrás, cerca del cuerpo de la batalla.

Uluj Alí aprovecha esta confusión: de repente, se abalanza por el espacio que el ala derecha ha dejado vacío y toma por asalto las galeras que se han quedado alejadas, lo que provoca una auténtica masacre. De ahí, retoma el asalto de las embarcaciones de Giovanni Andrea Doria, que resisten a duras penas, ya que la relación de fuerza está desequilibrada.

Pero llegan los refuerzos cristianos: la retaguardia y las galeras de don Juan, que acaban de terminar con el grueso de las fuerzas otomanas, acuden a socorrerlos. A Uluj Alí no le queda más opción que huir con unas treinta galeras. Los occidentales inician la persecución, pero no logran alcanzarlos.

## EL FINAL DE LA BATALLA

Hacia las 17:00, casi han cesado las hostilidades. Los cristianos ya se han alzado con la victoria y los musulmanes que todavía luchan lo hacen únicamente porque no tienen ninguna apertura por la que escapar. Según algunos testimonios, a los otomanos, que ya han agotado sus municiones, no les queda otra opción que lanzar sus provisiones al enemigo, lo que provoca su risa y su desdén.

Sin embargo, la alegría dura poco, ya que entre los restos se encuentran doce navíos cristianos. Aunque la Liga Santa ha ganado la batalla, las pérdidas son considerables: se contabilizan unos siete mil quinientos muertos y cerca de veinte mil heridos.

En el bando musulmán, la debacle es completa. La flota otomana ha sido destruida casi por completo y la batalla ha causado cerca de treinta mil víctimas, muertos o heridos, sin contar los tres mil quinientos prisioneros. Por otra parte, los cristianos han liberado a unos quince mil esclavos.

La derrota de los otomanos.

Así, a pesar de la ventaja numérica de los otomanos, la victoria cristiana es absoluta. Solo algunas embarcaciones otomanas, dirigidas por Uluj Alí, logran escapar de la batalla. Varios factores contribuyen a esta victoria:

- en primer lugar, el gran almirante de la flota otomana no tiene experiencia. Es un soldado de tierra que se ha estrenado en el mar con la conquista de Chipre. Esta falta de experiencia quizás explica la razón por la que, el 7 de octubre de 1571, decide salir al encuentro del enemigo, en vez de quedarse al amparo de las murallas del puerto de Lepanto, fortificadas y dotadas de artillería;
- en segundo lugar, la tripulación de la flota otomana está muy debilitada. Lleva recorriendo el Mediterráneo más de un año y no ha tenido ocasión de descansar. Como consecuencia, afloran las enfermedades, los accidentes y una desmotivación que provoca la deserción de un gran número de hombres;
- a estos factores de debilidad otomana se añade la aplastante superioridad de la flota cristiana en cuanto a potencia ofensiva. En efecto, con sus seis galeazas y los innumerables arcabuces de los que están dotados sus hombres, los occidentales compensan con creces su inferioridad numérica y se aseguran la victoria.

# REPERCUSIONES DE LA BATALLA

## DISENSIONES EN LA LIGA SANTA

Tras la batalla, en Occidente se cree que es el final del Imperio otomano. En efecto, este se ve privado de su temible flota, tiene miles de kilómetros de costa por defender y debe enfrentarse a las sublevaciones de muchas poblaciones que, al enterarse del resultado de la batalla de Lepanto, se rebelan con violencia. Tras más de un siglo de dominación absoluta en el Mediterráneo, por primera vez parece que los otomanos son vulnerables. Así, puede que sea el momento oportuno para asestar el golpe final.

Sin embargo, hay que tener en cuenta las disensiones que minan la Liga Santa. Aunque españoles y venecianos han logrado unirse por una causa común durante el transcurso de la batalla, en cuanto acaba el combate vuelven con más fuerza a las discusiones. Los vencedores se disputan los prisioneros y el botín de guerra y todos quieren atribuirse el mérito de la victoria.

Cuando todo el mundo vuelve a sus tierras para pasar el invierno, la situación no mejora y no se logra llegar a un acuerdo sobre las repercusiones de la victoria. Cada uno tiene sus propios intereses y, en particular, España no desea avanzar más lejos en el Mediterráneo oriental. Esta situación explica por qué el 1 de mayo de 1572 la expedición anual de la Liga Santa contra los otomanos todavía no ha zarpado. Además, en esa fecha, la cristiandad se entera con sorpresa del fallecimiento del papa Pío V. La Liga Santa no le sobrevivirá: todos vuelven a sus preocupaciones personales y se esfuma el sueño de acabar de una vez por todas con los otomanos.

## EL FINAL DEL EXPANSIONISMO OTOMANO

Por su parte, los otomanos ya han vuelto a levantarse. En efecto, con toda su energía y su inteligencia, el gran visir (consejero) de Selim II, Mehmed Sokollu (1505-1579), toma rápidamente las riendas de la situación y se ocupa de la reorganización del imperio. Se ha confiado el mando de la flota a Uluj Alí, los astilleros han funcionado a su máxima capacidad y las revueltas han sido sofocadas de manera sangrienta. Hasta el punto de que, a partir de 1572, el imperio ofrece a Occidente el espectáculo de su nueva flota, todavía más numerosa e impresionante que antes de la batalla de Lepanto.

A pesar de haber encontrado de nuevo el vigor, los otomanos ahora parecen dudar a la hora de provocar a Occidente. Así, la batalla de Lepanto pone un punto final a su expansionismo y, en 1574, su reconquista de Túnez (tomada por don Juan en 1573) marca la última hazaña importante de la flota otomana en el Mediterráneo.

Incluso firman un tratado de paz un año antes con los venecianos que, a cambio de la reanudación de sus actividades comerciales, se han visto obligados a cederles Chipre. Esta cesión tiene graves consecuencias para la isla. Los otomanos instalan allí a campesinos anatolios y, de esta manera, crean una comunidad turcochipriota que entrará en conflicto con la comunidad griega de la isla años después. La situación no mejora con el paso del tiempo, puesto que, hasta 1974, Chipre está dividida en dos y, actualmente, sigue siendo el último país fraccionado de Europa.

Por su parte, en 1578, los españoles firman a su vez una tregua con los musulmanes: por fin pueden concentrarse en el Atlántico, después de haberse asegurado de que sus bases en el Mediterráneo occidental ya no se verán amenazadas por los otomanos.

Aunque, durante mucho tiempo, los historiadores occidentales han consagrado la batalla de Lepanto como el elemento desencadenante de la caída progresiva del Imperio otomano, parece que, sobre todo, supuso un giro radical en la mentalidad de la gente: el tiempo de las cruzadas quedó atrás, y ni Oriente ni Occidente aspiran a un enfrentamiento de importancia en un momento en que sus intereses los llevan hacia direcciones diferentes. España se orienta con decisión hacia el Atlántico, Venecia busca restablecer sus asuntos comerciales y, por su parte, el Imperio otomano está demasiado ocupado con sus asuntos internos como para proseguir su avance por el Mediterráneo.

# EN RESUMEN

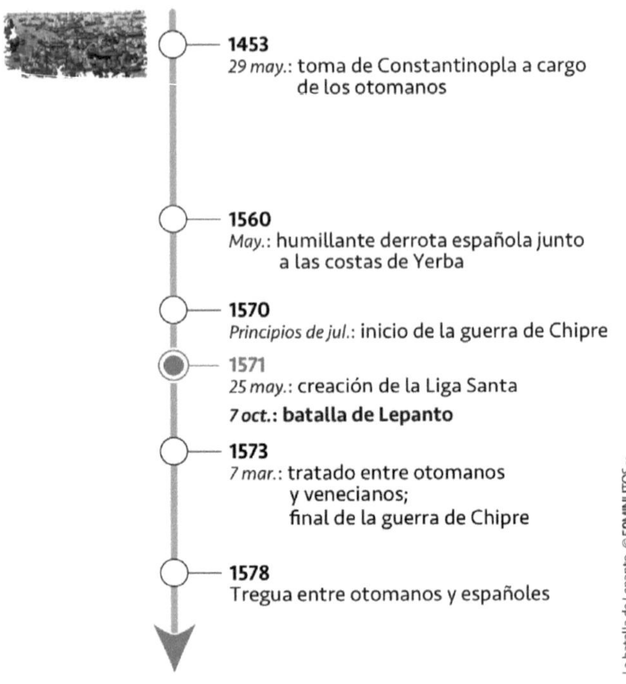

**1453**
*29 may.:* toma de Constantinopla a cargo
de los otomanos

**1560**
*May.:* humillante derrota española junto
a las costas de Yerba

**1570**
*Principios de jul.:* inicio de la guerra de Chipre

**1571**
*25 may.:* creación de la Liga Santa

*7 oct.:* **batalla de Lepanto**

**1573**
*7 mar.:* tratado entre otomanos
y venecianos;
final de la guerra de Chipre

**1578**
Tregua entre otomanos y españoles



- Desde la toma de Constantinopla por parte de los turcos en 1453, el Imperio otomano multiplica sus ataques contra los cristianos, saqueando constantemente ciudades y pueblos, con el objetivo de expandir su territorio por Europa.
- El papa Pío V, decidido a combatir a los otomanos, desea iniciar una auténtica cruzada para frenar su expansión.

Un año más tarde, se crea la Liga Santa y sus miembros se comprometen a aportar barcos cada año para formar una flota con la que luchar contra ellos.

- La mañana del 7 de octubre de 1571, las flotas cristiana y otomana se encuentran en el golfo de Patras. Entonces, el gran almirante otomano Alí Pasha ordena que disparen una salva de artillería, a lo que don Juan de Austria responde: empieza la batalla.

- Las hostilidades se inician al norte, donde el ala derecha otomana afronta las galeazas venecianas. Las baterías flotantes abren fuego y desconciertan a los otomanos por su potencia ofensiva.

- A primera hora de la tarde, en el centro, las galeras de don Juan, del representante del papa Pío V y de Sebastiano Veniero se enfrentan a las de Alí Pasha. Este último es decapitado en el transcurso del combate.

- Poco después, en el sur, Uluj Alí intenta salir del golfo para tomar por la espalda a la flota cristiana, lo que ocasiona problemas a Giovanni Andrea Doria. En vista de la situación, los cristianos envían refuerzos. Uluj Alí huye.

- En ese mismo momento, en el norte, los otomanos se ven atrapados entre el ala izquierda y las dos galeazas cristianas y son derrotados por la Liga Santa.

- Hacia las 17:00, los combates se van apagando: la victoria pertenece al bando cristiano.

- La batalla finaliza con un balance desastroso: del bando otomano, se contabilizan unos treinta mil muertos y heridos, mientras que en el bando cristiano son siete mil quinientos.

- Más que una victoria cristiana, la batalla de Lepanto también significa el final de la época de cruzadas y de las veleidades expansionistas otomanas.

- 30 -

*¡Tu opinión nos interesa!*
*¡Deja un comentario en la página web de tu librería en línea,*
*y comparte tus favoritos en las redes sociales!*

# PARA IR MÁS ALLÁ

## FUENTES BIBLIOGRÁFICAS


- Buresi, Pascal. s.f. "Lépante Bataille de (1571)". *Encyclopaedia Universalis*. Consultado el 26 de abril de 2017. http://www.universalis.fr/encyclopedie/bataille-de-lepante/
- Hélie, Jérôme. 2008. *Les relations internationales dans l'Europe moderne. 1453-1789*. París: Armand Colin, colección *U Histoire*.
- Lesure, Michel. 1972. *Lépante. La crise de l'Empire ottoman*. París: Gallimard, colección *Folio histoire*.
- Mantran, Robert. 1989. *Histoire de l'Empire ottoman*. París: Fayard.
- Martínez Montávez, Pedro y Carmen Ruíz Bravo-Villasante. 1991. *L'islam en Europe. L'essor, le déclin et l'héritage d'une civilisation*. Bruselas: La Renaissance du Livre.
- Pérez, Joseph. 1998. *L'Espagne du XVIIe siècle*. París: Armand Colin, colección *U Histoire*.


## FUENTES COMPLEMENTARIAS


- Barbero, Alessandro. 2012. *La bataille des trois empires. Lepante, 1571.* París: Flammarion, colección *Au fil de l'histoire*.
- Bois, Jean-Pierre. 2008. *Don Juan d'Autriche*. París: Tallandier, colección *Biographies*.
- Charles-Roux, Edmonde. 2003. *Don Juan d'Autriche. Bâtard de Charles Quint*. París: Racine, colección *Les*

*racines de l'histoire.*

- Crouzet-Pavan, Élisabeth. 1999. *Venise triomphante. Les horizons d'un mythe.* París: Albin Michel.
- De Haëdo, Diego. 2004. *Histoire des rois d'Alger.* Argel: Éditions Grand-Alger-Livres.
- De la Gravière, Edmond Jurien. 2011. *La guerre de Chypre et la bataille de Lépante.* Moncrabeau: Laville, colección *Les batailles essentielles.*
- Doumerc, Bernard. 2012. *Venise et son empire en Méditerranée. IX$^e$-XV$^e$ siècle.* París: Ellipses.
- Guerdan, René. 1971. *La Sérénissime. Histoire de la République de Venise.* París: Fayard, colección *Les grandes études historiques.*
- Chapin Lane, Frédéric. 1965. *Navires et constructeurs à Venise pendant la Renaissance.* París: S.E.V.P.E.N.
- Lewis, Bernard e Yves Thoraval. 1990. *Istanbul et la civilisation ottomane.* París: Éditions JC Lattès.
- Pigaillem, Henri. 2003. *Bataille de Lépante (1571).* París: Éditions Economica, colección *Campagnes & stratégies.*
- Solnon, Jean-François. 2009. *Le turban et la stambouline. L'Empire ottoman et l'Europe, XIV$^e$-XX$^e$ siècle, affronte-ment et fascination réciproques.* París: Perrin.
- Ternon, Yves. 2002. *Empire ottoman. Le déclin, la chute, l'effacement.* París: Éditions du Félin, colección *Félin Poche.*
- Vergé-Franceschi, Michel. 2002. *Dictionnaire d'histoire maritime.* París: Robert Laffont, colección *Bouquins.*
- Zysberg, André y René Burlet. 2000. *Venise. La Sérénissime et la mer.* París: Gallimard, colección *Découverte Gallimard-Histoire.*

# FUENTES ICONOGRÁFICAS

- Retrato de Alí Pasha, *c.* 1571. La imagen reproducida está libre de derechos.
- Ilustración de la batalla de Lepanto. La imagen reproducida está libre de derechos.
- La derrota de los otomanos. La imagen reproducida está libre de derechos.

# ICONOGRAFÍA

- Baldi, Lazzaro (grabador y pintor italiano, 1624-1703). 1673. *La visión de san Pío V.* Pavia: Collegio Ghislieri.
- Caliari, Paolo (pintor italiano, conocido como el Veronés, 1528-1588). 1572. *Alegoría de la batalla de Lepanto.* Venecia: Galería dell'Accademia.
- Collaert, Adriaen (grabador flamenco, 1560-1618). Siglo XVI. *Batalla de Lepanto*, estampa. París: Biblioteca Nacional de Francia.
- Olivieri, Pietro Paolo. Siglo XVI. Bajorrelieve en la tumba del papa Pío V. Roma: Basílica de Santa María la Mayor.
- Réplica de la Real, el buque insignia utilizado en Lepanto por don Juan de Austria. Siglo XX. Barcelona: Museo de la Marina.
- Tiziano (pintor italiano, 1488-1576). 1575. *Felipe II ofreciendo al cielo al infante don Fernando.* Madrid: Museo Nacional del Prado.
- Vicentino, Andrea (pintor italiano, 1542-1618). 1673. *La batalla de Lepanto.* Venecia: Palacio Ducal.

# PELÍCULAS

- *La bataille de Lépante.* Dirigido por Marc Brasse. Alemania: 2004.
- *Lépante 1571.* Dirigido por Stefano Roncoroni. Francia: 1997.

# ¡APRENDER NUNCA ANTES FUE TAN RÁPIDO!

## www.en50minutos.es

www.en50Minutos.es

ISBN ebook: 9782806293503

ISBN papel: 9782806293510

Depósito legal: D/2017/12603/53

*Libro realizado por* <u>Primento</u>, *el socio digital de los editores*